趣味漫画

战胜拖延症

师鲁贝尔
编著

四川教育出版社

图书在版编目（CIP）数据

战胜拖延症 / 师鲁贝尔编著. -- 成都 : 四川教育出版社, 2025.1. --（趣味漫画）. -- ISBN 978-7-5408-9633-1

Ⅰ. C935-49

中国国家版本馆 CIP 数据核字第 202562GN27 号

趣味漫画战胜拖延症

QUWEI MANHUA ZHANSHENG TUOYAN ZHENG

师鲁贝尔　编著

出 品 人　雷　华
责任编辑　陈鸿鹏
责任校对　冷建赟
责任印制　许　涵
封面设计　春浅浅
出版发行　四川教育出版社
地　　址　四川省成都市锦江区三色路 238 号新华之星 A 座
邮政编码　610023
网　　址　www.chuanjiaoshe.com
印　　刷　三河市祥达印刷包装有限公司
版　　次　2025 年 3 月第 1 版
印　　次　2025 年 3 月第 1 次印刷
开　　本　880 mm × 1230 mm　1/32
印　　张　4
书　　号　ISBN　978-7-5408-9633-1
定　　价　29.80 元

如发现印装质量问题，影响阅读，请与本社联系。
总编室电话：（028）86365120　编辑部电话：（028）86365129

目录

2 马上行动起来，战胜拖延症 027

3 学会时间管理，远离拖延症

5 打败拖延症，成为学习高手

①

昨天、今天、明天，为什么总在拖延

时间每个人都拥有，为什么还要珍惜？

假期的一天，小贝睡到中午才起床。

小贝猛然想起，原本计划今天上午爬山，下午写作业的。

妈妈批评小贝总是浪费时间，他却不以为意。

妈妈告诫小贝：时间一去不复返，一定要珍惜时间。

小贝想起以前由于浪费了上午本应写作业的时间，只能用晚上看电视的时间补回来。于是小贝决定以后一定不能再睡懒觉了。

时间真的很宝贵，只有利用好时间，才能最大限度地发挥时间的价值。

敲黑板

时间一去不复返，那些被我们不经意浪费的时间，我们只能用原本要做其他事的时间来弥补。如果我们总是陷入这种恶性循环，那就永远有计划不能如期进行。

因为总是熬夜，所以早上总起不来

每天早上闹钟一响，谢小风就会抱怨没睡够。

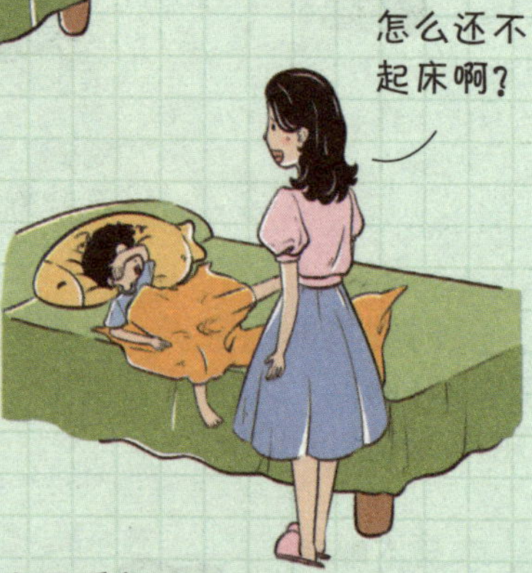

妈妈看见谢小风起床困难的样子，要求他控制每天手机和电脑的使用时间，试试晚上早点儿睡觉。

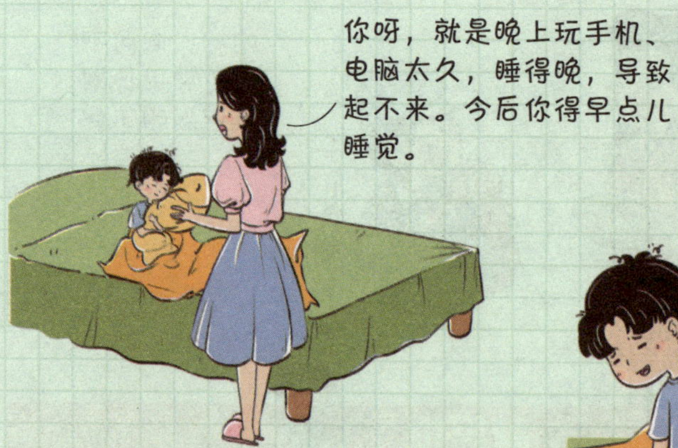

虽然谢小风知道妈妈说的是对的，但内心还是有些抗拒早睡。

虽然心里很不情愿，但为了第二天早上能顺利起床，谢小风还是听从了妈妈的建议，减少看电子产品的时间并且提前上床睡觉。

第二天一早，闹钟还没响，谢小风竟然已经醒了，还感觉非常精神。

从那以后，谢小风渐渐地养成了早睡早起的习惯，再也没有因为起床困难而苦恼。

敲黑板

电子产品的使用不仅会耽误睡觉的时间，还会影响睡眠，甚至引起失眠等症状。青少年一定要减少电子产品的使用，做到早睡早起，这样才能健康成长。

作业明明很多，但就是不想做

小智的作业越来越多了，每天看到书包里堆满了作业本，他就感觉心里沉甸甸的。

回到家，小智先看了会儿电视。晚饭后到了写作业的时间，可他就是不想动。

妈妈发现小智状态不好，问他是不是在学校遇到了什么事。小智摇摇头，说他只是不想写作业。妈妈帮小智把所有的作业列了出来，让他分阶段完成。

小智只花了 20 分钟就完成了作业的第一部分，剩下的好像也没那么多了。

当小智把最后一部分作业做完时，他发现比平时少用了一个小时。小智长舒了一口气，觉得轻松极了。

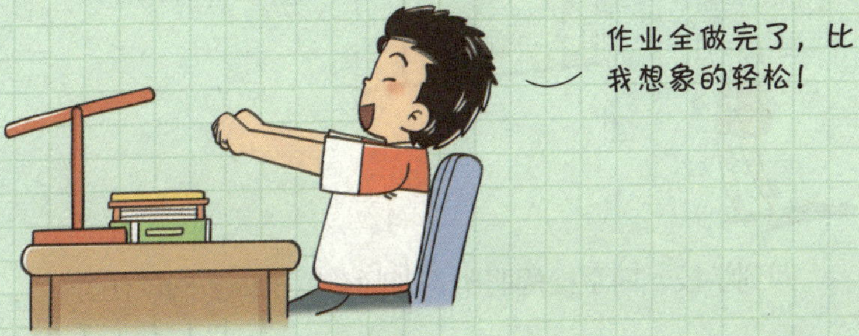

敲黑板

作业量大不等于无法完成，关键在于通过合理规划，把大任务分解成小任务，一步一步完成。

说到读书就想“磨洋工”，应该怎么办？

最近只要一说到读书，明明就不自觉地想“磨洋工”。他老觉得是妈妈的错，妈妈怎么就不催他呢？

如果妈妈在旁边催明明几句，他可能还会拿起书来翻几页，可妈妈不催他，他就完全没有动力。

回到学校，同学提醒明明，老师布置了许多阅读任务。

同学跟明明说不完成阅读任务会受到老师的责罚，明明有点慌张。

明明决定不再依赖妈妈，自己主动行动起来。

从此以后，明明阅读不再需要妈妈的督促。一个人在家时，他也能主动读书了。

敲黑板

读书不能总是靠别人催促，要找到适合自己的方法来提高读书的积极性。例如，可以和同学互动，共同探索书中的世界，让读书变得更加有趣。

和他人约好出去玩，结果总是迟到

今天小贝和哥哥约好要去科技馆，可是小贝却因为出门磨蹭迟到了。

哥哥心平气和地教育小贝守时的重要性。

原来他们计划在科技馆参观 4 个小时，但因为小贝迟到，不得不缩短参观时间。

迟到会让对方感到不被尊重，自己的时间和付出没有得到应有的重视。

迟到是时间管理不当的体现，长期这样，会养成拖沓的习惯。

小贝哥哥说赴约时要预留充足的时间，以免途中遇到其他事情导致迟到。

敲黑板

和他人有约时，要尽量提前出发，预估好路上的时间，并多留一点时间。做一个守时的人，会让你更受欢迎哟！

妈妈催吃饭，手机却放不下

周末，星星正全神贯注地玩着手机游戏，妈妈突然叫他吃饭。星星嘴上答应着，却没有一点儿行动的意思。

5 分钟后，妈妈敲响星星的房门，再一次提醒他该吃饭了。星星还是不为所动。

又过了 3 分钟，妈妈又来催星星了。他不得不放下手机，先出去吃饭。

坐在饭桌上，星星实在高兴不起来。

爸爸严肃地教育了星星，爸爸的话让他意识到了自己的错误。

从第二天开始，星星合理地安排玩游戏的时间，好好享受跟家人相处的时光，作息也因此变得健康。

敲黑板

我们在玩游戏时，常常会忽略时间。长时间沉迷游戏，不仅会导致我们出现健康问题，还会让我们忽略家人的感受。因此，我们应该合理安排玩游戏的时间，学会控制自己的欲望。

面对朋友的邀约，总是举棋不定

周末，小齐给星星发信息，邀请他一起去打篮球。

外面太热，星星一点儿也不想出门打篮球。可是，他又不知道怎么拒绝小齐。

面对小齐狂轰滥炸似的邀请，星星最终选择了拖延，不回复小齐的消息。

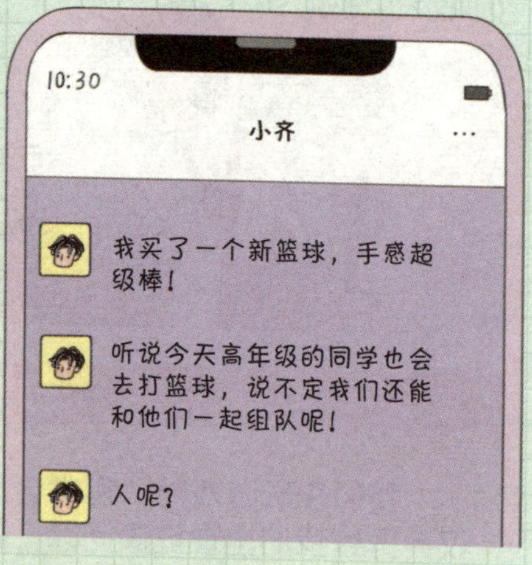

小齐见星星不回信息，给星星打了电话，但星星没有接。爸爸见星星不接小齐电话，过来询问他原因。星星把这件事告诉了爸爸。

爸爸告诉星星，拖延着不回信息不仅解决不了问题，还会让事情变得更糟糕。

听了爸爸的话，星星回复了小齐，小齐并没有因此生气。星星这才明白，原来直接表达自己立场和想法，并不会破坏朋友之间的友谊。

敲黑板

在人际交往中，拖延着不给回复会造成非常大的负面影响，我们应该积极寻求解决问题的办法，而不是一味地拖延，逃避现实。

本打算假期去学画画，但还是没有去

暑假马上就要到了，星星打算利用假期时间学画画。

假期正式开始了，星星想着时间还很长，所以打算先玩几天再去报名。

不知不觉，假期已经过了 3 周了。

突然有一天，班主任徐老师通知要画新的黑板报以迎接新学期，星星才发现，原来假期已经接近尾声了。

开学后，徐老师问星星为什么没有报名画黑板报，星星把他的假期经历告诉了徐老师，他感到又羞愧又悔恨。

徐老师教育了星星。老师的话让星星醍醐灌顶，他决定以后下了决定就立马行动，决不拖延。

敲黑板

拖延会严重影响我们的学习和生活。战胜拖延的唯一办法，就是立刻行动。只有养成提前规划、立即行动的好习惯，才能让我们避免拖延，变得自律。

睡觉前总想聊天，为什么准时睡觉这么难？

晚上 9 点，本是星星准备睡觉的时间，但他的大脑却异常兴奋。

于是，星星和小齐聊起了最新的八卦。

星星和小齐从最新的八卦聊到了春游的计划，十分开心。

爸爸见星星房间里还亮着光，便走了进来。爸爸发现星星正在和小齐聊天，态度严肃地让他放下手机睡觉。

见星星默不作声，爸爸又和蔼地和他解释。

听了爸爸的话，星星意识到了自己的问题，于是立马闭上了眼睛，不一会儿就进入了香甜的梦乡。

敲黑板

长期拖延睡眠会影响我们的身心健康和学习效率。如何摆脱拖延睡眠的坏习惯呢？我们可以给自己设定一个固定的睡觉时间，并合理规划睡前的活动，让自己准时进入睡眠。

洗澡时间到了，却还想再看会儿漫画书

最近，星星迷上了一本漫画书，可总没时间看。于是，今天晚上一写完作业，他就拿起漫画书看了起来。

妈妈催星星去洗澡，但他实在太想看完这本漫画书了，就跟妈妈讨价还价起来。

10 分钟过去了，妈妈又来催星星洗澡，他却还想再拖延一会儿。

可是，没等星星把话说完，妈妈就把他心爱的漫画书收走了。

妈妈教育了星星，星星也意识到了自己的错误。他不能因为沉浸在漫画书里，耽误了休息。

第二天，星星安排好了时间，既看了漫画书也按时洗澡睡觉了。

敲黑板

我们不能为了一时的享乐，拖延本应该做的事情，耽误了正常的休息时间。

总喜欢把事情拖到最后，应该怎么办？

只要事情没到最后期限，小贝就没有做事情的动力。

小林说小贝这是拖延症，明明知道拖延的后果，却还是要把计划做的事情往后推迟。

小林说，拖延会导致任务只能在时间紧迫的情况下完成，质量难以保证。

拖延还会带来心理压力，导致产生焦虑和紧张等负面情绪。

克服拖延的最好办法就是立即行动，从最简单的任务开始，逐步进入状态。

当觉得难以克服拖延时，要积极寻求他人的监督和支持。

敲黑板

拖延会导致任务积压，进而增加我们的压力。在时间紧迫的情况下完成的任务，质量也难以保证。所以，为避免因拖延造成严重的后果，我们要做好计划表并严格执行！

有很多爱好，可是最后哪个都没有学好

谢小风对这个世界充满了好奇，也尝试培养过很多爱好。

每当开始一项新爱好时，谢小风都充满激情。

然而，没过多久，谢小风的兴趣就会渐渐消退。

爸妈注意到谢小风总是只有三分钟热度，开始讨论起解决办法。

于是第二天，爸爸妈妈和谢小风一起坐在电脑前，帮他完成了专业的兴趣测评。

根据专业老师的建议，谢小风发现了摄影的魅力。

通过有意识地练习和探索，谢小风拍摄了许多不错的作品。

敲黑板

找到真正热爱的事情可能需要时间和耐心。尝试不同的爱好是好的，但更重要的是要遵循内心的想法，找到那些能让你持续投入、不断进步的爱好。

战胜拖延症小总结

在日常生活中，面对时间紧迫和任务繁重的双重挑战，我们时常会落入拖延的困境。精心制订时间规划并合理分解目标是战胜拖延、提升效率的关键方法。

1. 每个人一天所拥有的时间都是相同的，但不同的人一天能做的事却不一样。时间的宝贵不在于我们拥有多少，而在于我们如何利用、如何珍惜。
2. 做好时间规划，能够让我们做事更有条理。一个好的计划将给我们提供很大的动力。
3. 我们不应该盲目追求过于困难的目标或计划。当一个目标或计划过于困难时，及时调整或分解目标都能让我们的压力变小。

②

马上行动起来，战胜拖延症

早上总是手忙脚乱的，不想再做迟到大王了

每次上学，谢小风都是最后一个到学校的，还经常迟到，因为他早上总是要手忙脚乱地收拾完东西再出发。

妈妈决定帮谢小风一起找到解决办法。

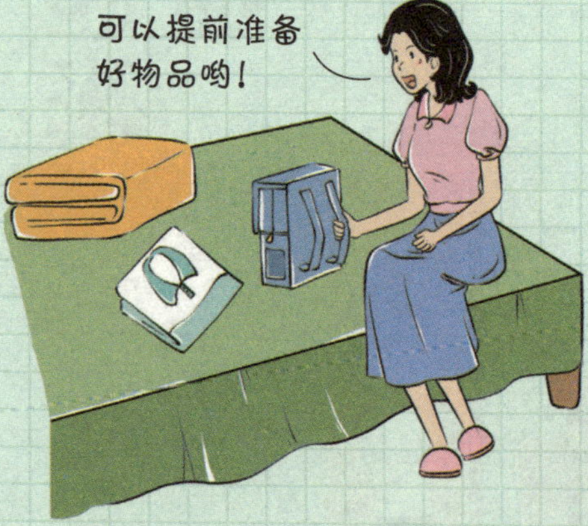

妈妈建议谢小风每天晚上花 10 分钟时间提前准备好第二天的书包和衣服。

谢小风有点疑惑，这样的方法真的能帮助自己不再迟到吗？

谢小风开始每天晚上把第二天要用的书放进书包里，把要穿的衣服整理好，放在书包旁边。

几天后，谢小风发现自己早上变得更加从容，也不再迟到了。

现在，谢小风不仅不再迟到，早上的心情也变得更加轻松愉快了。

敲黑板

每天晚上花 10 分钟准备好第二天要用的物品，可以有效帮助我们避免第二天早上手忙脚乱。这不仅能让我们减少迟到的可能性，还能让我们早上的心情更加愉快。

总觉得很多事情都没做，好混乱

妈妈说小贝总是一件事还没做完就会去做另一件事，结果每件事都没有做好。

例如，小贝一会儿做作业，一会儿练书法，结果两件事情都没做好。

妈妈说，要改掉多任务并行的毛病，首先要设定明确的目标，养成专注的习惯。

然后是创造专注的环境，屏蔽不必要的提醒，减少干扰。

一次只做一件事，如果有其他不着急的任务突然出现，可以先记录下来，做完手里的事后再处理。

当手中有更重要的任务时，要明确自己的优先事项，学会拒绝他人的请求。

敲黑板

多任务并行会使我们无法全神贯注地处理每一个任务，从而增加压力。按照上面的办法逐渐养成专注的习惯吧！

明明很努力，但是成绩却下滑了

期末成绩公布了，东东不仅没有进步，反而退步了。

有同学说自己考得很好，蒙的全对，东东感觉很不公平。

放学回家后，东东向爸爸抱怨自己很努力，成绩却下滑了。

敲黑板

学习不是一帆风顺的。暂时的退步并不可怕，只要不放弃，持之以恒地努力，将来的你一定会比现在的你更出色。

完成比完美更重要，首先要完成

小贝花了好长时间制作了一个模型，可是他怎么都不满意。

妈妈说小贝陷入了完美主义的陷阱，这样会浪费很多时间。

改变思维模式，接受不完美，这样才能避免陷入完美主义的陷阱。

设定合理的目标，过高的目标会让人感到压力巨大。

过程中不要对每个细节都过于执着，达到一定标准就可以了。

完成任务的过程中要多关注自己的进步和收获，而不是一味追求完美。

敲黑板

改变思维方式，学会接受不完美，设定合理的目标，不要过分执着于细节。关注自己的进步而不是一味追求完美的结果，避开完美主义的陷阱，相信你可以更加轻松地面对学习和生活哟！

房间乱糟糟的，立刻开始整理吧

星星的房间总是乱糟糟的。每次要整理时，一想到那“庞大”的工程，他就望而却步。

小齐来找星星一起写作业，结果一进星星的房间就被惊到了。星星感觉有些丢脸。

小齐实在看不下去了，所以动员星星一起整理书桌。

整理好书桌后，星星发现他做作业的空间变大了，找东西也方便了许多。

小齐走后，星星看着与整洁的书桌格格不入的房间，决定现在就整理房间。

星星很快就整理好了房间，拥有了一个整洁舒适的空间。星星发现只要行动起来，很多事情并没有自己想的那么难。

敲黑板

整理房间看似是小事，却能反映出一个人的习惯。如果房间总是乱糟糟的，不勤加整理，就会让我们变得越来越拖延。我们只有行动起来，才能迎来改变。

制订了暑假计划，那就努力完成它

暑假期间，洋洋给自己制订了一个计划，但姐姐不相信他能完成。

洋洋打算一定要将计划完成，不能被姐姐看扁了。

前几天，计划完成得非常顺利。

几天后，洋洋就有一点松懈了。

但幸亏有姐姐的监督，洋洋终于坚持完成了暑假计划。

下一个假期计划，洋洋希望自己不需要别人的监督也能完成。

敲黑板

执行假期计划时，我们可以找个人帮忙监督自己，同时分阶段地给自己一些小奖励，这些都是坚持下去的动力。

面对作业马拉松，绝不让自己半途而废

聪聪做作业时常常不知不觉就分心了，结果作业总是拖到很晚才做完。

聪聪心里很烦，第二天向磊磊诉苦，磊磊听完后给他出了一个小妙招。

于是聪聪听从磊磊的建议，认真地把作业分成几个小任务，并标注了完成每个小任务所需要的时间。

然后，聪聪决定先从最简单的开始做，这样可以让自己有个好的开头。

很快聪聪就完成了一个任务，并在清单上画了一个勾。

聪聪继续用这个方法逐一完成剩下的作业，效率比之前高多了。

敲黑板

做作业时，试着把作业分成几个小任务，每完成一个小任务就休息一会儿。这种方法不仅可以提高我们做作业的效率，也能让我们在不断进步中产生成就感，激励我们更努力地学习。

通过这种方法，聪聪不仅完成了作业，还节约了不少时间。

运用 5 分钟起步法，告别拖延症

老师布置了科技展的任务，小贝却一点也不想行动。

妈妈说，只需要 5 分钟就可以让小贝行动起来。

妈妈说，5 分钟起步法的核心就在于打破拖延的惯性。

5 分钟时间到了后，妈妈叫停了小贝正在进行的任务。

妈妈说，5 分钟起步法的目的是用 5 分钟的时间专注于任务本身，让小贝迈出任务的第一步。

每当小贝不想开始任务，就告诉自己：只需要先做 5 分钟就可以了。

敲黑板

5 分钟起步法是一个简单而有效的克服拖延症的方法，可以帮助你迈出行动的第一步。如果你也被拖延症困扰，给自己 5 分钟试试吧！

明天要考两个科目，应该怎样复习？

明天就要考试了，小贝决定今晚多复习一会儿。

正在复习数学的小贝忽然想起明天也要考英语。

可刚打开英语书没多久的小贝又停住了，明天可是先考数学。

刚拿起数学书的小贝又有点烦恼，他到底要复习哪一个？

爸爸来到小贝的房间，见小贝很难受的样子，便问他发生了什么。

没想到爸爸几句话就解决了小贝的问题，小贝终于可以安心复习了。

敲黑板

考前复习时，我们经常面临二选一的难题。这时，确定一个复习目标很重要，通常选择自己的弱项为复习的首选目标。明确了目标再行动，比纠结着浪费时间更好。

几百页的名著，感觉假期读不完

老师经常在课上推荐大家去读名著。

听了老师的建议，课后明明来到图书馆寻找名著。

每次有空的时候，明明都会读一读名著。可他发现这本名著实在太厚了。

这真的能读完吗？明明很疑惑，于是就去问爸爸妈妈。

听了爸爸的建议，明明决定把书分成几个部分来读。

敲黑板

有时候目标定太大反而会让我们失去行动的动力。不妨学着把大目标分成几个小目标，每次完成一个小目标。我们会发现这样做将会轻松许多！

爸爸送了一个大积木模型，怎么将它拼完呢？

爸爸送给小贝一个飞船积木模型。对小贝来说，这既是惊喜也是惊吓。

小贝和爸爸把这个积木模型的所有小零件都拆了出来，足足有两大筐。他有些苦恼，不知道该怎么拼。

爸爸想了一会儿，忽然有了一个好主意。

小贝觉得爸爸的提议很棒，他非常赞同。

这两天，小贝和爸爸陆陆续续地把飞船积木模型的所有部件拼了出来，就差最后一步组装了。

爸爸很赞同小贝的说法，顺便给他讲了一个道理。

敲黑板

我们可以根据事件的难易程度，将看似不可能完成的任务分解成一个个比较容易完成的步骤。这样可以缓解我们的心理压力。

战胜拖延症小总结

在日常生活中，有效区分事情的优先级是战胜拖延症、实现高效完成任务的关键。

1. 我们每天都有许多事要做，但每件事的轻重缓急都不同，如何有效地区分这些事情的优先级是很重要的，这有利于我们高效地完成任务。
2. 在日常学习生活中，感到时间不够用是我们经常面临的问题。在这种情况下，我们需要进一步区分事情的优先级，优先完成最重要、紧急的事。
3. 想要高效地完成任务，仅有计划是不够的，还需要找到合适的方法来执行我们的计划。只有这样，我们才能更高效地完成任务。
4. 高效学习并不代表要一直专注于学习，适当的劳逸结合有助于放松我们的头脑，使我们的身体得到充分的休息，这样才能提高学习效率。

3

学会时间管理，远离拖延症

写作业的时间不多了，如何提高效率？

明天就要交作业了，可小贝前面因为感冒导致作业没写完。

爸爸的话让小贝更加紧张，他有点想放弃了。

爸爸让小贝先把所有作业归类整理好。

小贝花了几个小时，终于把作业写完了。

小贝不明白爸爸的想法，时间都这么赶了，还有必要检查吗？

第二天，老师检查作业时表扬了小贝。

敲黑板

在已经耽搁了时间的情况下，剩下的时间我们不能轻易放弃，要在有限的时间内尽量做好我们能做的事，努力弥补时间的损失！

计划赶不上变化，事情要分轻重缓急

小贝的计划表实行了一段时间后，有些计划需要及时更新了。

调整一些计划中不合理的时间安排，比如某项任务的时间占比过高。

调整计划的目的是提高学习和做事效率。

通过时间管理 App 来分析时间使用情况。

当某项任务花费的时间过长时，可以分析其原因，寻找提高效率的方法。

可以根据自己时间管理的短期目标和长期目标定期调整计划表。只要我们能严格地遵守计划表，我们就能更好地远离拖延症了。

敲黑板

定期回顾计划表可以帮助你及时发现计划表中存在的问题，如时间分配不合理、学习效率不高等。相信通过与实际情况相结合的调整，你的时间管理将更加有效！

边刷牙边听英语，怎样利用碎片时间？

小贝向英语课代表小敏请教学习英语的方法，小敏幽默地回答了他。

小敏说要善于利用碎片时间进行知识积累，比如利用睡前 10 分钟背诵英语单词。

碎片时间通常比较零散，比如刷牙时、排队时等。

在碎片时间内，可以选择听一些比较轻松有趣的英语新闻、故事和歌曲。

每天能利用的碎片时间虽然有限，但长久坚持下去也能丰富自己的知识。

如果要更好地利用碎片时间，还可以根据固定的碎片时间制订学习计划。

敲黑板

你是不是在刷牙时或排队时都只顾着发呆呢？快把这些碎片时间利用起来吧！相信日积月累下来，收获会超乎你的想象哟！

边吃饭边看书，为什么还要被批评？

小贝喜欢边吃饭边看书，觉得这样可以节省时间，提高效率。

妈妈说，小贝这样节省时间的方式不好。

边吃饭边看书会分散注意力，导致我们不自觉地吃得过快，还会增加胃的负担。

一边吃饭一边看书会养成不良的饮食习惯，我们会不知不觉地摄入过多的食物导致肥胖。

吃饭时看书，较暗的光线和不良的身体坐姿还会对视力和体态产生负面影响。

边吃饭边看书还会破坏饮食氛围，我们应该利用吃饭时间和爸爸妈妈交流校园生活。

敲黑板

节省时间，提高效率也要选择合适的方法。边吃饭边看书会对我们的饮食习惯、视力、体态及家庭氛围产生负面影响。所以，吃饭时放下书本，和爸爸妈妈一起享受交流的愉快时光吧！

想要高效地学习，为什么一定要劳逸结合呢？

快到期末考试了，小贝一直在努力地学习。

小贝一直在埋头学习，忘记了吃妈妈送来的早餐。

妈妈见小贝没吃早餐，有点着急，赶紧催促他吃。

过了一段时间，妈妈又来到小贝的房间，见到他还在学习，竟然有点生气。

妈妈坐到小贝旁边，告诉小贝劳逸结合的重要性，强行把他拉出门放松一下。

妈妈将小贝带到楼下逛了逛，他果然感到身心十分放松。

敲黑板

一直埋头苦干不是高效的学习方式，适当的休息能够放松我们的身体。劳逸结合才是我们高效学习的保障！

直走和绕弯都能到终点，为什么要选择走直线？

去学校有两条路，可是爸爸总是带小贝走其中一条。

放学的时候，爸爸特意带小贝走弯路，以便给他解释直走和绕弯的区别。

一般来说，相比直走，绕弯会浪费很多时间。

爸爸说要专注于目标，做事要学会走“直线”，避免走“弯路”。

如果不小心绕了弯路，就要赶紧调整，把耽搁的时间尽量弥补回来。

直走等于用最直接和高效的方法做事，可以节省很多时间，避免拖延。

敲黑板

选择直走可以提高我们的做事效率。因此，在做事前我们应该学会寻找最快完成的路径，减少无用功，更加高效地实现我们的目标！

总感觉考试时间不够用，是因为太拖延吗？

明天就要考试了，按照以往的经验，小贝担心时间不够用。爸爸了解小贝的担心后，给了他一些建议。

拿到试卷后，首先要保持冷静，紧张会让自己浪费更多的时间。

调整好心态以后，快速浏览试卷，确认题目的难度和自己的掌握程度。

对于分值较低的题目，可以适当缩短答题时间。

要是遇到实在不会做的题目时，应果断放弃，不可浪费太多时间。

如有剩余时间，仔细检查是否有错误。

敲黑板

在考试时，要保持冷静，集中精力，合理分配时间，并利用剩余时间检查答案。希望你可以在有限的时间内尽可能取得高分哟！

迅速吃完饭去玩耍，结果被批评了

妈妈总说时间宝贵，所以小贝只用了 3 分钟就吃完饭，妈妈却批评他。

妈妈说，有些时间可以省，但像吃饭和睡觉这样的时间却是不能省的。

吃饭太快对身体不好，会加重肠胃的负担，时间长了容易导致消化不良。

想要早点出去玩，可以提前做好准备。

妈妈还说，出去玩之前可以做好计划，而不是毫无头绪地浪费时间。

只要合理安排时间，好好吃饭和好好玩耍并不会冲突。

敲黑板

不能通过快速吃饭来节省时间哟！吃饭时要细嚼慢咽，对身体才有好处。出去玩之前做好计划和时间安排，可以让你把饭吃好的同时还能玩得开心呢！

吃东西都要费时抉择，不如轮流试一试

周末，妈妈向小贝征求中午饭吃什么。

可小贝却拿不定主意吃米饭还是吃面条，妈妈说他有选择困难症。

妈妈说，为了节约时间，小事情可以使用轮流选择法来做决定。

也可以使用抛硬币、抽签这样的随机选择法来做决定。

在选择时还可以给自己设定一个时间限制，在规定的时间内必须做出选择。

提前做好规划，避免在做决定前花费过多的时间思考。

敲黑板

当面对是吃面条还是吃米饭这样的小事时，可以使用轮流选择法、随机选择法或时间限制法来做决定。当然，提前规划也是避免在这些小事上纠结的一种方法，你也快试试用这些方法来做决定吧！

性子比较慢，应该怎么办？

妈妈总是说小贝平时做事情非常慢。

小贝不仅生活上慢，学习上也慢悠悠的。

在学校时因为做事比较慢，小贝没少受到老师的批评。

妈妈有点担心，便带着他去看了心理医生。

心理医生说不用担心，小贝只是性子比较慢而已。

心理医生给小贝支了个招，避免他因浪费时间延误了重要的事情。

敲黑板

性子慢、做事不着急的人常会出现迟到等问题。其实，只要我们能够将事情提前一些时间做，再逐渐提升做事的效率，就能做到在规定的时间内做完了。

战胜拖延症小总结

学会时间管理并优化任务执行方法是战胜拖延症、提升生活与学习效率的重要途径。

1. 一寸光阴一寸金，如何更好地节省时间及避免浪费时间就成了我们的难题。然而，有些事情的时间是不可以节省的，比如休息、吃饭等。
2. 节省时间的最好方法是合理规划时间，这样我们可以更好地完成自己想要做的事情。
3. 在一些事情上使用更高效的方法有助于我们节省时间。例如，在背书时使用歌谣记忆法，就能节省我们花在背诵上花的时间。

④

面对小诱惑，和拖延症说「不」

爸妈不监督学习时，是偷会儿懒还是自觉学习？

快要期中考试了，这几天一回家，妈妈就催促星星抓紧时间复习。

妈妈去准备晚饭了，星星也开始复习功课。可没一会儿，他就坚持不住想玩手机了。

不一会儿，星星玩手机就被妈妈发现了。

妈妈告诉星星，身为学生要有自控力。

星星想起上次考试前，自己也是因为边复习边玩，结果考试考砸了。所以这次星星下定决心，绝不重蹈覆辙。

星星打开课本继续复习。他也明白了，学习是自己的事情，想要学习成绩好，就要做到自律。

敲黑板

学习需要人监督，没人监督就总想偷偷玩，这是自控力弱，缺乏学习自律性的表现。我们要给自己设定目标，并保持专注，严格执行，养成良好的学习习惯。

又想复习又想看漫画书，怎么做出最好的选择？

快要考试了，大家都在紧张地复习。星星喜欢的一套漫画书眼看就要售罄，于是他缠着让妈妈给自己买了一套，并承诺不耽误学习。

妈妈同意星星每天看 20 分钟漫画书，其他时间认真复习。

已经复习了整整一上午，星星准备劳逸结合，看会儿漫画书放松一下。

20分钟很快就过去了，星星想静下心来好好复习，脑海里却总是浮现出漫画书里的场景。

当星星继续看漫画书时，他又担心没复习好会影响考试成绩。

最后，星星不仅漫画书没看尽兴，考试也考砸了。他想起妈妈以前教育他的话，责怪自己不自律，抵制不了诱惑。

敲黑板

我们在学习时需要集中注意力，面对其他诱惑时，一定要牢记自己的目标，远离让我们分心的事物；在休息时，要好好休息，让大脑放松，这也有利于之后的学习。

同学们都去玩了，要放弃钢琴课一起去玩吗？

小齐约星星周末去踢球，但他那天要上钢琴课。

到了周末，小琳约星星去游乐园玩，他也拒绝了。

星星感到很失落，他其实很想和朋友们出去玩。为什么朋友们都在玩，而他却要上钢琴课？

妈妈提醒星星该去上钢琴课了，星星趁机把自己的真实想法告诉了妈妈。

妈妈告诉星星，既然选择了，就应该坚持，不能半途而废。

星星明白了，想要变优秀，就需要自我约束，懂得坚持。

敲黑板

在成长的路上，我们要培养自我约束的能力，不能看到别人在玩，自己就跟着玩。我们做任何事都需要持之以恒，这也是自我约束能力的一种体现。

新买的游戏虽然好玩，但是作业也不能落下

周末，星星终于能好好体验一下新游戏了。

一下子连过几关，星星觉得自己简直是个游戏小天才。

星星沉浸在游戏的世界里，欲罢不能。

因为沉迷游戏，星星完全忘了做作业这回事。

妈妈严厉地教训了星星。妈妈的话让他深刻认识到了错误。

最后，星星把之前落下的作业全部补完了。这一次的经历让他明白，沉迷游戏只会让人玩物丧志。所以星星下定决心，以后再也不会沉迷游戏了！

敲黑板

沉迷游戏不仅会影响我们的学习，还会对身心健康造成危害。劳逸结合固然重要，但我们应该分清主次，并且多尝试体育类的娱乐活动进行放松，这样既能保证我们的学习不受影响，也能让我们的身心保持健康。

上课总是走神，怎么保持专注？

这几天，聪聪在上课时总是走神，对老师讲的内容提不起兴趣。

聪聪感到很苦恼。其实他也想认真听课，但似乎难以做到。

听了老师的建议，聪聪决定通过在课堂上做笔记来保持专注。

随着笔记的增多，聪聪发现自己在上课时不仅能保持专注，还能更好地将知识串联起来了。

一段时间后，聪聪惊喜地发现自己上课时再也不走神了，老师也发现了他的进步。

为了鼓励聪聪，老师还给他讲了很多避免走神的方法，比如主动提问和回答老师的问题。

后来，聪聪在课堂上积极提问并回答老师的问题，他的专注力得到了显著提升。

敲黑板

如果上课总是走神，可以通过记笔记、积极提问、回答老师的问题等学习方法来提升专注力。

现在开始学习，快速进入学习状态

假期到来了，聪聪看着书桌上摆放的课本和作业，不禁发起愁来。

一转眼，一周过去了，聪聪还是一个字也没写。

妈妈发现聪聪总是无法静下心来学习，便决定帮帮他。

妈妈告诉聪聪可以尝试一下让自己在两分钟内必须开始行动。

聪聪听了妈妈的话，决定强制自己快速行动起来。

不知不觉，一个小时过去了，聪聪惊喜地发现自己已经沉浸在学习中了。

聪聪高兴地告诉妈妈，自己很感谢妈妈教他的方法，让他快速进入了学习状态。

敲黑板

当我们无法快速进入学习状态时，可以试试先让自己在两分钟内快速行动起来，这样做能有效帮助我们克服拖延心理。快试试吧！

做一个小游戏，提升自己的专注力

做作业时，聪聪总是忍不住胡思乱想，以致他的作业中经常出现不应该出现的差错。

更糟糕的是，每次考试聪聪总会因为粗心而犯一些低级错误。

老师注意到了聪聪近期的困扰，过来告诉他可以通过小游戏来提升专注力。

同学们听到老师和聪聪的对话，都围了过来。老师耐心地为大家讲解这个小游戏的玩法。

大家都觉得十分新奇，立即拿出了白纸，照着黑板上的样子绘制方格，并在每个方格里面随机填入 1~25 中的一个数字。

为了尽快在方格中找到所有数字，聪聪集中注意力，认真搜寻着每一个数字。

从那以后，聪聪经常用这个小游戏进行练习，他的专注力得到了显著提升。

敲黑板

舒尔特方格是一种训练专注力的小游戏。通过在方格中按顺序寻找数字，我们可以提升自己的专注力。在闲暇时，不妨花几分钟玩一玩这个小游戏。

今天有很多要做的事情，如何才能避免拖延？

小贝今天特别忙，明明一分钟也没有休息，却感觉还是落下很多事情没有做。

小林说，只要列出所有的待办事项，就能清楚自己需要做哪些事情。

要从最重要的任务开始列待办事项，并用醒目的方式将它标记出来。

根据重要性和紧急程度，用简洁明了的语言依次列出其他任务。

尽量为每个任务设定合理的时间期限，避免拖延。

一天要时不时回顾待办事项列表，检查完成情况。完成一项任务就在列表里画去这一项。

敲黑板

通过列出待办事项，你可以更加清晰地了解今天需要完成的任务，从而合理安排时间，提高工作效率，减轻压力。试试列出你的待办事项吧！

一玩手机就停不下来，怎么摆脱拖延陷阱？

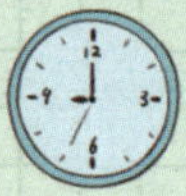

暑假到了，星星趁着白天只有自己一个人在家，终于可以好好玩一玩手机了。

星星正玩手机玩得起劲呢，小齐突然来电话了。

不知不觉，星星已经躺在沙发上玩了一上午手机。

这时候，爸爸回来了。星星从沙发上站起来，一下子感到头晕眼花、腰酸背疼。

爸爸告诉星星少玩手机的重要性，星星也决定按照爸爸教的去做。

放下手机并开始运动后，星星发现，比起玩手机，运动更能让自己快乐。

敲黑板

沉迷玩手机不仅会伤害我们的身体，还会让我们变得懒散，甚至忽视朋友。我们要学会做手机的主人，而不是被它掌控。

战胜拖延症小总结

面对日常生活中遇到的小诱惑而引发的拖延问题，明确目标并借助合适的方法提升专注力，是战胜拖延症的关键策略。

1. 明确目标能增强抵御诱惑的决心。当面临诸如爸爸妈妈不在家想偷懒时、上课总是走神等情况，明确自己学习和成长的目标，就能坚定地拒绝诱惑。
2. 在既想复习又想看漫画书、玩手机时，通过做专注小游戏等方法，提升自己的专注力，让自己快速进入学习状态，战胜拖延症。

5

打败拖延症，成为学习高手

学习高手并不都是天才，每个人都有潜力成为学习高手

明明邻居家有个姐姐是学习高手。

明明认为学习高手就是天才，他们不用努力也可以考得很好。

明明才不相信爸爸的话，直到看到邻居姐姐的努力。

晚上明明跟爸爸说了这些事，爸爸鼓励他向邻居姐姐学习。

敲黑板

学习高手并不一定是天才，读书也没有捷径。只要我们努力、勤奋，就能够在学习之路上越走越远。

设立小目标，从现在开始成为更好的自己

聪聪的学习成绩一直不尽如人意，老师和家长忧心忡忡，他自己也感到压力很大。

聪聪决定为自己设定一个长期目标，期望以此激发自己的学习动力。

然而，这个目标有些困难，聪聪努力了几天，看不到一点儿成效。

爸爸察觉到了聪聪的挫败感，建议他将一个大目标拆分成几个可达成的小目标。

聪聪采纳了爸爸的建议，重新审视自己的目标，并做了一个由许多小目标构成的目标清单。

之后的日子里，聪聪凭借每日的努力逐一攻克小目标，取得了不错的成效。

自此，聪聪始终坚持设定小目标，不断自我挑战，学习成绩稳步提升。

敲黑板

设立小目标能将繁重的学习任务拆解开，让你在逐步达成小目标的过程中获得成就感与满足感，并实现大目标。

制订有条理的学习计划，让学习更轻松

周五下午放学时，老师对大家说周末要安排好自己的时间。

李萌坐在座位上有些惆怅，因为每逢周末她都无法完成自己的作业。

聪聪看出了李萌的心事，决定帮她制订周末的学习计划。

李萌和聪聪一起制作了一个周末时间安排表，上面既有学习的时间，也有休息的时间。

周末的计划制订得很详细，聪聪每天都来李萌家陪她一起执行计划。

李萌偶尔有些分心，聪聪总会及时提醒她执行计划。

最后，在聪聪的帮助下，李萌按照计划准时地完成了作业。

敲黑板

在制订计划的时候，要把任务和规划的时间写清楚，这样可以让我们更高效地完成任务。快来试试吧！

在清晨起床的时候记东西，事半功倍

考试的前一天晚上，聪聪拿着书在发愁，怎么也背不出书里的内容。

妈妈进来，看到聪聪很痛苦的样子，建议他先上床休息。

第二天聪聪很早就起床了，发现睡了一觉之后精神好多了。

聪聪翻开书背了一会儿，记知识的速度比昨天晚上快多了。

早上，大脑经过一夜充足的休息，适合进行记忆类的学习活动。

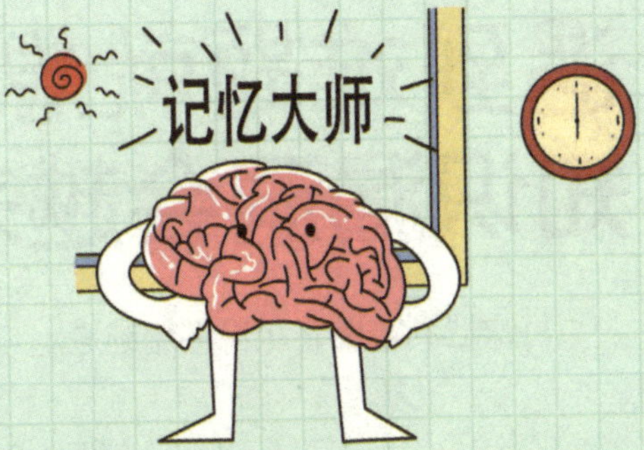

调整学习时间后，聪聪发现自己一整天都很有精神，学习效率也提高了。

从那以后，聪聪养成了早起背书的好习惯。他感觉学习越来越轻松了。

敲黑板

清晨起床时，大脑经过一夜充足的休息，处于较为清醒的状态，注意力更加集中，记忆力也相对较强。养成早上学习的习惯，有助于记忆力和学习效率的提升。

遇到难题就想放一放，知识漏洞会越来越大

每次遇到难题，星星都想逃避。

比如，本应该在课间去向同学请教没懂的题，星星却经不住打球的诱惑，把难题放在了一边。

最后，星星还是不会做那些难题，它们也成了星星遗留下来的问题。

有一次，小雪收作业时，星星才发觉自己因为总是逃避，竟然很多题都没有做。

张老师知道此事后教育了星星。星星觉得张老师说得对，面对难题，自己应该想办法解决，不应该拖延、逃避。

在老师和同学的帮助下，星星终于成功战胜了畏难情绪！

敲黑板

畏难情绪会让我们在面对困难时习惯性地选择逃避，从而缺乏直面问题的勇气。因此，我们要克服畏难情绪，积极尝试各种方法来解决问题。

巧用“吃青蛙法则”，解决任务繁多的难题

最近明明的任务越来越多，让他不知道该从哪个任务开始做起。

迷茫中的明明决定问问妈妈，看看妈妈能给他什么建议。

妈妈的建议很有道理，明明决定按照妈妈的建议来做。于是明明选择将写作业、背诵、练字作为每天的“青蛙”。

虽然确定了“青蛙”，但是“先吃哪一只”呢。

有趣的吃青蛙法则再次提醒了明明，立即行动胜过千言万语！

吃青蛙法则真是有趣又实用。

敲黑板

吃青蛙法则告诉我们，做事情也可以先确定重要的事情，再从其中最困难的事情下手，尽量快速开始并完成，并且要追求质量而不是数量。

巧用“番茄工作法”，让学习更轻松

在家里做作业时，如果没有父母的监督，聪聪就很难按时完成作业。

妈妈看到聪聪坐立不安的样子，建议他使用番茄工作法。

妈妈对聪聪解释说，番茄工作法就是在 25 分钟内做一个任务，然后再休息 5 分钟。

聪聪按照妈妈的建议，设定了 25 分钟的计时闹钟并开始专心做作业。

25 分钟后，闹铃响起，聪聪似乎感受到了学习的成就感，随后休息了 5 分钟。

休息 5 分钟后，聪聪重新设定了 25 分钟的计时闹钟，继续专注地学习。

几个循环后，聪聪惊喜地发现自己完成了很多有难度的作业，学习效率得到了明显提高。

敲黑板

番茄工作法可以帮助我们在短时间内集中注意力，提高学习效率。进行 25 分钟的专注学习，然后休息 5 分钟，如此循环。快试试吧！

运用歌谣式记忆法，让学习更有趣

马上要考试了，小贝和同桌相互做记忆问答练习。

同桌回答问题又快又准确，小贝有点好奇同桌的记忆方法。

同桌跟小贝讲解了歌谣式记忆法的好处及使用方法。

小贝好奇是不是所有知识点都可以采用歌谣式记忆法。

同桌给小贝列举了哪些知识点可以编成歌，哪些知识点不可以。小贝很想立马就试试。

敲黑板

使用合适的记忆方法能够显著提升我们的记忆效率，避免浪费时间。例如，歌谣式记忆法能够帮助我们记忆时间顺序之类的知识点！

既要预习，又要复习，同样的内容要学很多遍吗？

每节课结束后，老师都会提醒大家在课后复习这一节课的内容。

可下一节课刚开始，另一位老师又让大家要课前预习。

小贝有点混乱了，怎么忽然间又多出两个学习任务。

小贝决定问问老师，该选择预习还是复习。

老师在一旁笑了笑，然后给小贝进行了解答。

敲黑板

预习可以帮助我们更快理解要学的知识，复习可以帮助我们更好理解学过的知识。只有牢固、深刻地理解老师所讲的内容，才能实现高效学习。因此，有时候一节课的内容学三遍甚至更多遍都是值得的。

运用“自我奖励法”，让学习更有动力

聪聪最近很苦恼，希望找到一种能让自己充满学习动力的方法。

聪聪绞尽脑汁也没想出什么好方法，只好向爸爸求助。

聪聪好奇地问爸爸自我奖励法是什么，它真的能让自己变得更爱学习吗？

为了让聪聪知道该怎么做，爸爸决定拿他最爱吃的香蕉举例子。

聪聪觉得这个方法很不错，决定试一试。在爸爸的指导下，他确定了几个任务和完成任务后的奖励。

在尝试自我奖励法以后，聪聪发现，他学习时变得更有动力，也更专注了。

一天下来，聪聪完成了所有任务，并成功获得了奖励。

敲黑板

自我奖励法能够把人的注意力从对任务的抗拒转移到对奖励的追求上，能有效增强我们的学习动力。

学习过的知识越来越多，怎么应对呢？

最近学习过的知识越来越多，聪聪已经快崩溃了。

放学后，聪聪发现李萌似乎一点儿都不紧张。

了解了聪聪的问题，李萌向聪聪介绍了她的学习方法。

听了李萌的话，聪聪将信将疑，但还是决定试一试。

之后，聪聪开始尝试在等待朋友时、睡前，都回顾学过的知识点。

一天，聪聪发现自己竟然对昨天学的知识点领悟很深，把自己都惊呆了。

敲黑板

我们每天都会学习新知识，可想要快速地将其吸收是很困难的，我们要懂得利用空闲时间来复习。

课堂上遇到不理解的问题，怎么应对呢？

老师在课堂上讲的问题小贝有些不理解，导致他有时候跟不上老师的思路。

老师说，遇到没有理解的问题时，不要在课堂上花费过多的时间去思考。

可以先把不理解的问题记录下来，课后再思考，与同学讨论或者请教老师。

课后通过复习来巩固知识，加深对知识的理解。

复习还能避免遗忘知识，节省重新学习已遗忘内容的时间。

敲黑板

在课堂上遇到不理解的问题时，不要花费过多的时间去思考。可以先记录下来，课后再思考或寻求老师和同学的帮助。记得要经常复习知识，这可以让你节约更多的时间，提升学习效率！

告别拖延症，成为学习高手

经过一个学期的时间管理，小贝的学习成绩得到了显著提高。

小贝告诉同学们，他成绩提高的主要原因是学会了时间管理。

同学们有个疑惑，如果制订了计划怎么克服拖延。

巧妙使用时间管理 App 等方式坚持记录时间的使用情况。

定期反思自己的时间管理效果，不断改进时间管理办法。

互相监督，共同进步。定期交流时间管理的经验和心得。

敲黑板

时间管理可以提高我们的学习效率、减轻压力并培养自律的习惯。记得告诉朋友们，在进行时间管理时要坚持记录、定期反思，并制订科学的计划表。相信你们一定可以共同进步！

战胜拖延症小总结

珍惜时间、合理规划、劳逸结合，是击败拖延、成为学习高手的关键。

1. 只有合理规划时间、节省并有效利用时间，我们的学习效率才会更高。这将帮助我们在成为更好的自己的路上更进一步。
2. 将时间观念根植于心。这样，在做任何事之前，我们都会有自己的时间意识，这将有助于我们专注地完成事情。
3. 要学会留出自己休息的时间，不能将所有时间都投入到学习中。我们也需要时间去观察和认识自己，适当的放松和思考才能让我们走得更远。